मेगाकी

The Poetry Book

Ghazals by
विक्रम "पासबान" गिल

notionpress.com

INDIA · SINGAPORE · MALAYSIA

ISBN 979-8-88749-897-3

अनुक्रमणिका

Acknowledgements

"What you leave behind is not what is engraved in stone monuments, but what is **woven into the lives of others"** - Pericles

"Meraki", like its predecessor, "Ibaarat", is dedicated to all those people who dream the big dreams, and then do the hard yards, to convert those dreams into reality.

Fortune continues to shine on me, by surrounding me with the very best of people. To have their support, encouragement and guidance is one of life's greatest gifts, and I thank each of you for travelling with me on this poetic journey.

God Bless you!

"तब कोई बात बने"

बारिशों का क्या है, ये तो रोज़ आ जाएँ,
ये साथ मेरी याद ले जाए, तब कोई बात बने

यादों का क्या है, ये तो जाती ही नहीं,
जाते हुए उनके क़दम भी मुड़े, तब कोई बात बने

कदमों का क्या है, ये तो रुक ही जाते हैं,
नज़रें मिला के, उनकी भी धड़कनें रुकें, तब कोई बात बने

धड़कनों का का है, ये तो थम ही जायेंगी,
उनके पहलू में दम टूटे, तब कोई बात बने

दम का क्या है, ये एक दिन टूट ही जाएगा,
मेरे टूटने से, वो भी टूटें, तब कोई बात बने

उनके टूटने का क्या है, जोड़ने वाले हज़ारों हैं,
उन हज़ारों में कोई हम जैसा टूट पाए, तब कोई बात बने

हमारा क्या है, हम तो ख़्वाब हैं अधूरा सा,
ये ख़्वाब पूरा हो जाए, तब कोई बात बने

तब कोई बात बने....

"क्या लिखूँ"?

बड़े दिनों से सब रुका सा है, दिल भरा है मगर सूखा सा है,
सोच रहा हूँ क्या लिखूँ?
कलम की चाहत है चलने की, मगर ये हाथ ही रुका सा है

बड़े दिनों से सब...

जितने कदम जुड़े थे साथ में, सबने अपना रास्ता चुन लिया,
क्यू घबराता है ऐ दिल? जो होना था, वो हो चुका सा है

सोच रहा हूँ क्या लिखूँ...

साफ़ नीयत, सबकी फ़िक्र और नेकी करने वाले जो लोग हैं,
वो कहते है, उनके अशकों का स्वाद भी, कुछ बकबका सा है

बड़े दिनों से सब...

ख़ुद से कह रहा हूँ, "कर हिम्मत, बड़ा कदम, चलना पड़ेगा ही",
पूछ सवाल पूरी कायनात से "क्यू थमा कारवाँ,
      क्यू फिर से सब रुका सा है"?

बड़े दिनों से सब रुका सा है, दिल भरा है मगर सूखा सा है,
सोच रहा हूँ क्या लिखूँ?
कलम की चाहत है चलने की, मगर ये हाथ ही रुका सा है

"ये कैसे रिश्ते हैं जनाब"

ये कैसे रिश्ते हैं जनाब कि
मुस्कुराहट लाने वाला चाहिए और आंसू बहाने वाला नहीं
गले पड़ने वाला चाहिए, गले लगाने वाला नहीं
प्यार देने वाला चाहिए, प्यार माँगने वाला नहीं

ये कैसे रिश्ते हैं जनाब?

ज़िम्मेदारी उठाने वाला चाहिए, ज़िम्मेदार ठहराने वाला नहीं
नख़रे उठाने वाला चाहिए, नख़रे करने वाला नहीं
इंतेज़ार करने वाला चाहिए, इंतेज़ार कराने वाला नहीं

ये कैसे रिश्ते हैं जनाब?

जवाब देने वाला चाहिए, सवाल करने वाला नहीं,
वक़्त देने वाला चाहिए, वक़्त माँगने वाला नहीं
सब कुछ छोड़ देने वाला चाहिए, हक़ माँगने वाला नहीं

ये कैसे रिश्ते हैं जनाब?

तारीफ़ें करने वाला चाहिए, ख़ामियाँ बताने वाला नहीं
उम्मीदों पे खरा उतरने वाला चाहिए, उम्मीदें करने वाला नहीं
ख़ुद को बदलने वाला चाहिए, तुम्हें बदलने वाला नहीं

ये कैसे रिश्ते हैं जनाब? ये कैसे रिश्ते हैं??

"वो मोहब्बत ही क्या"

वो मोहब्बत ही क्या ग़ालिब, जिसमें जुल्म ना हो,
बेवजह होगी वो आशिक़ी कि हम परेशान हों,
और उन्हें इल्म ना हो

वो मोहब्बत ही क्या...

मेरे अंदाज़े और अंदाज़-ए-बयान, सब पुराने हो चले हैं शायद,
वरना ये मुमक़िन नहीं कि, हम रोते रहें और उनकी आँखें भी,
नम ना हो

बेवजह होगी वो...

ऐसा लगता है के, बढ़ते नाख़ूनों सा हूँ मैं,
चुभता रहता हूँ जब तलक, मेरा क़द कम ना हो

वो मोहब्बत...

फ़िक्र है अगर, तो दिखाने और बताने में हर्ज़ कैसा,
चुप भी रहते हो और सोचते हो, हमें ग़म ना हो

वो मोहब्बत ही क्या ग़ालिब, जिसमें जुल्म ना हो,
बेवजह होगी वो आशिक़ी कि हम परेशान हों,
और उन्हें इल्म ना हो

"शक करेगा ज़माना"

शक करेगा ज़माना हर एक शेर पे मेरे, मगर हासिल ना होगा कुछ
बस दो परिंदों के परों पर लिखी होगी उनकी उड़ानों की दास्तान

शक करेगा ज़माना

ना कोई महफ़िल मुकम्मल होगी, ना ही कोई जाम छलकेगा,
चेहरों की उदासी बयान करेगी, हमारे ना होने की दास्तान

शक करेगा ज़माना...

ज़िंदगी थमेगी नहीं किसी की, हर रोज़ वक़्त भी बीतेगा ही,
बरसते बादल बताएँगे गुजरे हुए कल की दास्तान

बस दो परिंदों...

हम में बड़ी ताक़त है, दिल में यही वहम लिए फिरते थे,
उजड़े हुए गाँव बताएँगे, गुजरे हुए तूफ़ानों की दास्तान

शक करेगा ज़माना हर एक शेर पे मेरे, मगर हासिल ना होगा कुछ
बस दो परिंदों के परों पर लिखी होगी उनकी उड़ानों की दास्तान

"रिश्तों के मौसम"

मौसम के रंगों के जैसे, कभी खुश, कभी ख़फ़ा होते हैं,
यह क्या रिश्ते हैं, जो ना मिलते हैं, ना ही जुदा होते हैं

मौसम की तरह...

हवा के दामन में छुप कर, फुहार बन के सहलाते हैं,
ज़ख़्म भी यही हैं, और दवा भी ये ही होते हैं

यह क्या रिश्ते...

कभी ज़ोरों से बरस के, सब कुछ बहा ले जाते हैं,
हाथ भी थाम के रखते हैं, और अक्सर हवा भी होते हैं

मौसम के रंगों...

सेहरा में रहने वालों से, बड़ी शिद्दत से दुश्मनी निभाते हैं,
दो बूँद मोहनबत की गिरा दें तो, ये ही ख़ुदा होते हैं

मौसम के रंगों के जैसे, कभी खुश, कभी ख़फ़ा होते हैं,
यह क्या रिश्ते हैं, जो ना मिलते हैं, ना ही जुदा होते हैं

"क्या हुआ? बता भी दो"

हमें ख़ामोशी से इश्क़ फ़रमाना है, वो कहते है "क्या हुआ?
    बता भी दो",
अगर फिक्र करते ही हो तो कहते क्यों हो, कभी जता भी दो

हमें ख़ामोशी...

हर हफ़्ते पहुँच जाते हैं, ख़ुदा से मशवरा करने,
बस यही पूछते हैं, सबके दरवाज़ों पे पर्दे हैं, मेरे दर का रास्ता
    दिखा भी दो

हमें ख़ामोशी...

शायद परेशानी यही है कि कोई परेशानी नहीं,
अगर सब जला देने की तमन्ना है, तो जलती आग को हवा भी दो

हमें ख़ामोशी...

वक्त ही वक्त है, फ़ुरसत से बर्बाद करने के लिए,
कहीं दम टूट ना जाए हमारा सहते सहते, ज़िंदा रहने के लिए
    दवा भी दो

हमें ख़ामोशी से इश्क़ फ़रमाना है, वो कहते है "क्या हुआ?
    बता भी दो",
अगर फिक्र करते ही हो तो कहते क्यों हो, कभी जता भी दो

"नाख़ुश ही ख़ुश थे"

ख़ुश रहने की ख़्वाहिश क्या की, सबने मुँह मोड़ लिया,
नाख़ुश की ख़ुश थे, बेवजह ही उम्मीदों से रिश्ता जोड़ लिया

ख़ुश रहने की...

अपनी रूह में रहती ख़ुशबू से, रूबरू होने ही लगे थे अभी,
कि उठा के पत्थर, किसी ने फिर से वो ख़्वाब तोड़ दिया

नाख़ुश ही...

हमें जाना नहीं था जिस रास्ते, उसने कहा तू जा सकता है,
दम रखने का दम रहा नहीं, हर दम ने अब दम तोड़ दिया

ख़ुश रहने की...

जिस दरख़्त से मिलती थी छाया, उसे ही कोसा करते थे सब,
बद्दुआओं ने किया ऐसा असर, कि उसने हर पत्ता छोड़ दिया

ख़ुश रहने की ख़्वाहिश क्या की, सबने मुँह मोड़ लिया,
नाख़ुश की ख़ुश थे, बेवजह ही उम्मीदों से रिश्ता जोड़ लिया

"बरसों की यारी"

ना दिल मिले ना ख़याल, और हम क़ाफ़िया मिलाते रहे,
बरसों की यारी है गुनाहों से, हर एक से हाथ मिलाते रहे

ना दिल मिले ना ख़याल...

जाने कितनी क़लमों ने दम तोड़ा, अपने जज़्बात समझाने में,
हम सवाल करते रहे और वो पहेलियाँ बुझाते रहे

ना दिल मिले...

जो दिखते नहीं, अक्सर वही ज़ख़्म गहरे हुआ करते हैं,
हम बाहर के दर्द बताते रहे, वो बाहर ही मरहम लगाते रहे

बरसों की यारी...

हम हर एक लम्हे को संभाल के दिल में बसाते गए,
यहाँ कई बरस बीत गए संभलने में, और वो तारीख़ें गिनाते रहे

ना दिल मिले ना ख़याल, और हम क़ाफ़िया मिलाते रहे,
बरसों की यारी है गुनाहों से, हर एक से हाथ मिलाते रहे

"करना पड़ा मुझे"

कुछ उनके लिए, कुछ ख़ुद के लिए, ये करना पड़ा मुझे,
हार जाने का यक़ीन होते हुए भी, लड़ना पड़ा मुझे

कुछ उनके लिए...

जिस बग़ीचे के फूलों की ख़ुशबू, दिल में उतर जाती थी,
अपने हाथों से उस के फूलों को, कुचलना पड़ा मुझे

हार जाने का...

इस पत्थर की झोपड़ी में बैठा, सड़कों का मुआयना कर रहा हूँ,
बेड़ियाँ डाल के पैरों में, फिर से उस रास्ते पे चलना पड़ा मुझे

कुछ उनके लिए...

हर एक फ़ैसले का सफ़र फ़ासले पे जा के ही ख़त्म हुआ,
एक पल जीने की ख्वाहिश में, हर रोज़ मरना पड़ा मुझे

कुछ उनके लिए, कुछ ख़ुद के लिए, ये करना पड़ा मुझे,
हार जाने का यक़ीन होते हुए भी, लड़ना पड़ा मुझे

"बाक़ी सब ठीक है"

कुछ लोग हर बात पर मुँह बना लेते हैं
कभी चिल्लाते हैं, कभी गले लगा लेते हैं,
वक्त दो तो क़ीमत नहीं समझते
और ना दो तो दामन छुड़ा लेते हैं
बाक़ी सब ठीक है...

यूँ ही बिन बात पे पाबंदी लगाते हैं,
फिर कभी, तानों में आज़ादी भी दे देते हैं
अब अपनों से शिकायत भी कहाँ मुनासिब है
तो बस हम चुप ही रह लेते हैं
बाक़ी सब ठीक है...

गालों से बहते पानी में, नमक ज़्यादा है शायद
इसलिए आँखों में जलन रहती है
यूँ तो क़ाबू कर लेते हैं इनके बहने को,
जब ज़्यादा बहते हैं तो हम नाव बना लेते हैं
बाक़ी सब ठीक है...

दो पल खुश रहने से ख़ुद की नज़र लग जाती है
कभी मुस्कुराएँ तो यह आँखें भर जाती हैं
जो लम्हा गुज़र गया उसको सम्भाले हुए,
जो आया नहीं उसमें ख़ुद को खो लेते हैं
बाक़ी सब ठीक है...

इतना लिखते हैं की ख़ुद ही भूल जाते हैं
जज़्बातों को भी अब पढ़ के सुनाना पड़ता है
ना बुलाता है कोई और ना जाने की इच्छा बाक़ी,
हम ख़्वाबों में सब से मिल मिला लेते हैं
बाक़ी सब ठीक है...

समझ नहीं आता की ताक़त ज़ुबान में हैं या ख़ामोशी में,
कोई सब कह के जीत जाता है, कोई चुप रह के हरा देता है
हम ख़ुद के दिल-ओ-दिमाग़ से लड़ते रहते हैं
ख़ुद ही महल बनाते हैं फिर ख़ुद ही गिरा लेते हैं
बाक़ी सब ठीक है...

"जो सबने किया कई बार"

जो सबने किया हर बार, हमें वो हुनर ना आया,
हम जाते रहे हर बार, मगर कोई इधर ना आया

जो सबने किया...

हम जानें, रब जाने, यह जो भी असर हुआ है,
क्यूँ लिखते रहे हर बार, के जब कुछ समझ ना आया

जो सबने किया...

कितने सवाल थे नज़रों में, मगर ज़ुबान ख़ामोश थी,
हम दिल में छुपाते रहे, उन्हें भी नज़र ना आया

जो सबने किया...

कितने उलझे हैं बचपन से सब रिश्तों के धागे,
हज़ारों कोशिशें की पर इक भी, सुलझ ना पाया

जो सबने किया हर बार, हमें वो हुनर ना आया,
हम जाते रहे हर बार, मगर कोई इधर ना आया

"हर शख़्स ख़फ़ा है"

ख़फ़ा वो भी हैं और हम भी, जुदा वो भी हैं और हम भी,
कैसे छुपायें दाग़ों को दुनिया से, के बेपनाह वो भी हैं, हम भी

ख़फ़ा वो भी...

मुझे क़ुबूल नहीं, जो भी इल्ज़ाम लगा ले ज़माना,
तो हम क्या करें अगर यह इश्क़, गुनाह भी है, करम भी

ख़फ़ा वो भी...

मुस्कुरा के रोना, फिर रो के मुस्कुराना, यह आदत भी अजीब है,
ना जाने कैसा एहसास है, की हमें ख़ुशी भी है, और ग़म भी

कैसे छुपायें...

वो बहुत रोए भी और हमसे आंसू पोंछे भी ना गए,
यह इश्क़ में रोना, दवा भी है और सितम भी

ख़फ़ा वो भी हैं और हम भी, जुदा वो भी हैं और हम भी,
कैसे छुपायें दाग़ों को दुनिया से, के बेपनाह वो भी हैं, हम भी

"सब है पर कुछ नहीं"

अगर गिनूँ तो सब कुछ है, मगर लगता है की कुछ नहीं,
कहीं पराए अपने हैं, कहीं अपने भी सच नहीं

अगर गिनूँ तो...

तेरे जितने मर्ज़ थे वो भी आ गए शायद हिस्से में मेरे,
धड़कनें भी मधम्म सी है, ज़ुबान भी कहती कुछ नहीं

अगर गिनूँ तो...

सच के पुतले थे, बस आख़री दम पे झूठ कह दिया हमने,
उन्हें पूछना गवारा नहीं तो, हमने भी कह दिया "कुछ नहीं"

कहीं पराए अपने...

दस्तक दे के दरवाज़े पे, क्यू छुप जाता है हर कोई,
ख़ाली बर्तनों सा शोर है अंदर, की अब बचा कुछ नहीं

अगर गिनूँ तो सब कुछ है, मगर लगता है की कुछ नहीं,
कहीं पराए अपने हैं, कहीं अपने भी सच नहीं

"परवरिश का असर"

उम्र बिता दी उन्होंने, एक दूसरे को नीचा दिखाने में,
परवरिश का असर हम पे हुआ, जो लड़ते हैं जमाने में

उम्र बिता दी...

ना ख़ुद समझा रिश्तों को, और ना हमको समझाया कभी,
अब दिन रात लगे हैं. इन ज़िंदा लाशों पे हक़ जताने में

परवरिश का असर...

काश कभी पूछा होता हमारे दिल का आलम भी,
आज भी मसरूफ हैं, बस अपनी परेशानियों गाने में

उम्र बिता दी...

हमें निभाना है, हम निभा ही लेंगे फ़र्ज़ों को अपने,
तुम भी कोशिश करो, तुम ही लाए थे इस ज़माने में

चलो दिखावा ही कर लो की समझते हो हमें,
क्यू कोफ़्त हो हमें भी, हर दफ़ा बताने में

उम्र बिता दी उन्होंने, एक दूसरे को नीचा दिखाने में,
परवरिश का असर हम पे हुआ, जो लड़ते हैं जमाने में

"अच्छा लगता है"

कभी सब कहना अच्छा लगता है, कभी चुप रहना अच्छा लगता है,
दर्द कैसा भी हो साक़ी, मुझे बस सहना अच्छा लगता है

कभी सब कहना...

कभी इंतेज़ार अच्छा लगता है, कभी चले जाना अच्छा लगता है,
वो क़दमों का मेरे चल के, फिर रुक जाना अच्छा लगता है

दर्द कैसा भी हो...

वक़्त पे सोना अच्छा लगता है, देर तक जागना अच्छा लगता है,
हर एक बार इन धागों को, मुझे उलझाना अच्छा लगता है

कभी सब कहना...

दरवाज़ों का खुलना अच्छा लगता है, खुल के बंद होना अच्छा
   लगता है,
कभी जब खो जाता है, उसे ढूँढ लाना अच्छा लगता है

कभी सब कहना अच्छा लगता है, कभी चुप रहना अच्छा लगता है,
दर्द कैसा भी हो साक़ी, मुझे बस सहना अच्छा लगता है

"क्यूँ माँगी दुआएँ"

जिनके ख़ुश रहने की दुआएँ माँगी, वो कहीं और ख़ुश निकले,
हम धंसते गए दलदल में, और वो देख के भी बच निकले

जिनके ख़ुश...

हमें वहम था कि पर्दों में महबूब रहते होंगे,
पर्दे गिरते ही, जितने झूठ थे सब सच निकले

हम धंसते...

जिधर दुखता था, उसी ज़ख़्म पे चोट पहुँचायी उन्होंने,
फिर भी, बेवफ़ा, बेग़ैरत, बेरहम, हम ही सब कुछ निकले

जिनके ख़ुश...

मेरी सब यादों को एक एक कर बेच डाला गया,
जिनसे नफ़रत थी हमें, वो ही उनके हबीब सचमुच निकले

जिनके ख़ुश रहने की दुआएँ माँगी, वो कहीं और ख़ुश निकले,
हम धंसते गए दलदल में, और वो देख के भी बच निकले

"नाराज़गी का हक़ नहीं"

ज़ुबान पे ताला लगा लो, तुम्हें नाराज़गी का हक़ नहीं,
वो बचाते रहेंगे दोस्ती, तुम्हें शिकायतों का भी हक़ नहीं

ज़ुबान पे...

कुछ धूप छाँव के जैसे आते जाते हैं जज़्बात उनको,
कभी अल्फ़ाज़ों की बारिश, कभी चुप्पी से भी फ़र्क़ नहीं

वो बचाते...

मैंने देखा, मेरे अड्डे पे अब कोई और शिरकत करता है,
वो पहला हो या आख़िरी, किसी को मेरी यादों पे हक़ नहीं

ज़ुबान पे ताले...

मेरे कदम भी ना हिले और उसने फ़ासला कर लिया,
वो सोचता गया, करता गया, मुझे अपनी कहने का भी हक़ नहीं

ज़ुबान पे ताला लगा लो, तुम्हें नाराज़गी का हक़ नहीं,
वो बचाते रहेंगे दोस्ती, तुम्हें शिकायतों का भी हक़ नहीं

"ना$ख़ुश सी ख़ुशियाँ"

हर एक ख़ुशनुमा खबर पे भी चिड़ सा जाता हूँ मैं,
ना$ख़ुश सी ख़ुशियाँ है, जिनका जश्न मनाता हूँ मैं

हर एक...

ज़ुबान के पैर अब घिस के फिसलने लगे हैं शायद,
जो दिल में होता नहीं, वो भी कह जाता हूँ मैं

ना$ख़ुश सी...

जिनके लिए सब किया, उन्होंने सहूलियतों की दलीलें दे दी,
फिर भी दिल-ओ-जान से करता ही जाता हूँ मैं

हर एक...

मैं झुक के मनाता गया, उसको रूठने की आदत लग गयी,
वो कभी ढूँढता ही नहीं, और हर रोज़ खोता जाता हूँ मैं

हर एक ख़ुशनुमा खबर पे भी चिड़ सा जाता हूँ मैं,
ना$ख़ुश सी ख़ुशियाँ है, जिनका जश्न मनाता हूँ मैं

"बरसता रहा"

वो आज भी बरसता रहा, चुप रह के मेरे अंदर गरजता रहा,
मैं बेबस सा खड़ा रहकर, उसकी माफ़ी को तरसता रहा

वो आज भी...

हवाओं के शोर से लगता है, शायद बहुत नाराज़ है कोई,
हर मोड़ पे रास्ते बदले उसने, मैं उन्ही चौराहों पे ठहरता रहा

मैं मूक सा..

दिल में कहाँ रहते, उसने शिकायतों से सब जगह भर ली,
मेरा हो के भी पराया है, यह दिल बिना मतलब के धड़कता रहा

वो आज भी...

बेहतर ही होता अगर नशे के साये में गुज़ार लेते ज़िंदगी,
मैं यूँ ही बिन पिए, दर-ब-दर भटकता रहा

वो आज भी बरसता रहा, चुप रह के मेरे अंदर गरजता रहा,
मैं मूक सा खड़ा रहकर, उसकी माफ़ी को तरसता रहा

"काश मशहूर ना होता"

काश मैं ज़रा सा भी मशहूर ना होता,
ना कोई पास होता, और ना दूर होता

काश मैं..

जो दिखती नहीं, उन्हीं ज़ंजीरों से बंधा हूँ मैं,
ग़ैर-ज़िम्मेदार होता, तो शायद मजबूर ना होता,

काश मैं...

तारीफ़ों में, तारूफ़ गुमशुदा है कहीं,
सब गुनाह नहीं करते, हर एक का क़सूर नहीं होता

काश मैं...

हमें पहचान्ने वालों की गिनती भी लाखों में होती,
अगर फ़ैसलों से फ़ासलों का सिलसिला, बदस्तूर ना होता

काश मैं ज़रा सा भी मशहूर ना होता,
ना कोई पास होता, और ना दूर होता

"ज़ख़्मों के निशान"

बदल ही जाती है ज़िंदगी, पर हर ज़ख़्म का निशान नहीं होता,
बेवजह चुभते हैं काँटे, इनका कोई ईमान नहीं होता

बदल जाती है...

हर दफ़ा ग़लतियाँ करते हैं, मगर सीखते कहाँ हैं हम,
सारी उम्मीदों पे खरा उतरे, अब हर कोई तो भगवान नहीं होता

बदल जाती है...

पूछने तो आते हैं सारे, बताने पे समझता कोई नहीं,
जवाब आते ही नज़र फेर लो, ऐसा तो कोई इम्तिहान नहीं होता

बेवजह चुभते...

जा कर ले कोशिशें ऐ नादान, हासिल हो तो बताना,
ख़ुदा के आगे कौन जीत पाया है, ऐसा कोई जहान नहीं होता

बदल ही जाती है ज़िंदगी, पर हर ज़ख़्म का निशान नहीं होता,
बेवजह चुभते हैं काँटे, इनका कोई ईमान नहीं होता

"बूझो तो जानें"

जिसने कहा, "तुम्हें, समझते हैं हम", उनसे कहो बूझो तो जानें,
जो महसूस करते हैं हम, वो महसूस करके दिखाओ तो मानें

जिसने कहा...

सबकी ख़ुशियों में शरीक़ और ग़मों में शामिल हैं हम,
जैसा वक़्त गुज़ारा है हमने, वैसा बिता के दिखाओ तो मानें

जो महसूस करते...

इस दिखावे के ज़माने में, चुपचाप दुआ करते हैं हम,
हम तो शर्मिंदा ही रहते हैं, तुम कभी सर झुकाओ तो मानें

जो महसूस करते...

कभी उस परिंदे से पूछो जो चाहने वालों से घिरा रहता है,
पिंजरे में रहकर भी मुस्कुराता है, तुम मुस्कुरा के दिखाओ तो मानें

जिसने कहा, "तुम्हें, समझते हैं हम", उनसे कहो बूझो तो जानें,
जो महसूस करते हैं हम, वो महसूस करके दिखाओ तो मानें

"कुछ तो नया होगा"

कल, ना हम होंगे, ना यह समा होगा,
चल, तेरे जहां में, कुछ तो नया होगा

कल, ना हम...

हर रात अकेले भटकते देखा है उसको,
ये चाँद भी मेरे जैसे ही तनहा होगा

कल ना हम...

छोड़ के देखते हैं वफ़ा की आदत को,
देखो, ज़िंदगी का रुख़, क्या से क्या होगा

तेरे जहां में...

ईमान बेचा तभी तो बे-ईमान हुए हम,
तेरे लिए आखिर कुछ तो किया होगा

कल ना हम...

गुनाहों के पीछे, अक्सर दो शख़्स हुआ करते हैं,
थोड़ा सा घड़ा तो, तेरा भी भरा होगा

कल, ना हम होंगे, ना यह समा होगा,
चल, तेरे जहां में, कुछ तो नया होगा

"दो बूँद एहसास"

कौन है जो एहसास तोल के बेचता है, अरे दो बूँद ही बहुत होता है,
हर दुकान पे मिलावट है यहाँ, हर सच में, झूठ मिला होता है

कौन है जो...

जो जज़्बातों का बहिखाता रखते हैं, अक्सर दिल के गरीब
    मिलते हैं,
हिसाब में तेज़ लोगों के, दिल का हिसाब हिला होता है

हर दुकान पे...

ज़माने से लड़ने वाले, ख़ुद से लड़ाई में क्यूँ हार जाते हैं?
हर मुस्कुराहट के पीछे, गहरे दर्द का सिलसिला होता है

कौन है जो एहसास...

जहां अर्ज़ी लगानी हो, वहाँ मर्ज़ी नहीं चलती,
रोशनी की चाहतों में, अक्सर कोई घर जला होता ह

कौन है जो एहसास तोल के बेचता है, अरे दो बूँद ही बहुत होता है,
हर दुकान पे मिलावट है यहाँ, हर सच में, झूठ मिला होता है

"ख़ुदा का दर"

ख़ुदा के दर पे जाता हूँ, एक अलग सा सुकून मिलता है,
हर एक मुश्किल से लड़ने का, मुझे यक़ीन मिलता है

ख़ुदा के दर..

वो चुप रह कर भी, मेरे सवालों के जवाब देता है,
बिना कुरेदे वो मेरे, सारे ज़ख़्मों को सिलता है

ख़ुदा के दर...

ना जाने कैसे, आँखों में नमीं, ख़ुद-ब-ख़ुद आ जाती है,
शायद वो जानता है, की मेरा नसीब जलता है

ख़ुदा के दर पे...

चाहे बिताओ घंटे या बस दो पल की हाज़री लगाओ,
दुआ ग़र सच्ची हो, हर दुआ का फ़ल मिलता है

ख़ुदा के दर पे जाता हूँ, एक अलग सा सुकून मिलता है,
हर एक मुश्किल से लड़ने का, मुझे यक़ीन मिलता है

"जानते हैं क्या चाहिए"

मैं जलता हूँ उन लोगों से, जो जानते हैं उन्हें क्या चाहिए,
हर ख़ुशबू देने वाले फूल को, यूँ ही टूट के मर जाना चाहिए

मैं जलता हूँ..

लोगों को कहते सुना है, मेरे फ़ैसले जल्दबाज़ी के होते हैं,
मुझे भी दिल को छोड़ के, दिमाग़ से चलते जाना चाहिए

हर ख़ुशबू...

मौसमों का क्या है, एक बरस में चार दफ़ा बदलते हैं,
एहसासों को भी बदलते मौसम सा, बदल जाना चाहिए

हर ख़ुशबू...

इतना घबराते हैं कि, धड़कनों का शोर कानों तक आता है,
शायद इस दिल को झुठला के, चलते चला जाना चाहिए

हर ख़ुशबू...

ख़्वाहिशों और उम्मीदों के जंगलों के बीच, भटक गए हैं हम,
शायद इन जंगलों को ही जला देना चाहिए

मैं जलता हूँ उन लोगों से, जो जानते हैं उन्हें क्या चाहिए,
हर ख़ुशबू देने वाले फूल को, यूँ ही टूट के मर जाना चाहिए

"भाई-बहन"

बहन बेटियों का सम्मान करो, ऐसा घर के बड़े बताते आए हैं,
खुशनसीब होंगे वो भाई, जो कलाई पे, धागा बँधाते आए हैं

बहन बेटियों का..

बचपन के झगड़े कितने भी थे, पर बस हमारे ही थे,
कोई उँगली ना उठाना, हम भाई हैं, बहनों को बचाते आए हैं

खुशनसीब होंगे वो भाई...

यह हिफ़ाज़त का वादा, एक तरफ़ा नहीं निभाया हमने,
जब भी लड़खड़ाया कोई भाई, बहनों के हाथ संभालने आए हैं

बहन बेटियों का सम्मान...

वो छोटी हों तो, भाइयों का लाड मिलता है,
वो बड़ी हों तो माँ सा प्यार देती है,
वो बहनें ही हैं, जिनको जा के तुमने अपने दिल के हाल सुनाए हैं

खुशनसीब होंगे वो भाई...

मेरे ख़ुदा ख़ुशियाँ ही देते रहना हर एक उस बहन को,
जिसने अपने ज़िद्दी, बेवक़ूफ़ और थोड़े पागल से भाई के, सारे
    नाज़ उठाए हैं

बहन बेटियों का सम्मान करो, ऐसा घर के बड़े बताते आए हैं,
खुशनसीब होंगे वो भाई, जो कलाई पे, धागा बँधाते आए हैं

"रास्ते"

जितने रास्ते कभी खुले नहीं, उससे कहीं ज़्यादा बंद हुए हैं,
हर इल्ज़ाम पे, कुबूल है-कुबूल है करके, हम ही रज़ामंद हुए हैं

जितने रास्ते...

कभी जो छोटे क़िस्से थे गुनाहों के, आज बड़कर कहानियाँ हैं,
ढाई अक्षर के रिश्ते भी खिंच-खिंचकर निबंध हुए हैं

हर इल्ज़ाम पे...

शायद इस शहर का रिवाज ही, धक्का-मुक्की का है,
हर कोई आगे बड़ जाता है, हम ही हर दफ़ा पाबंद हुए हैं

जितने रास्ते...

नसीब के झगड़ों से उकता गए हैं सब यहाँ,
ख़ामोशी के शोर-ओ-गुल भी अब, कब्र में बंद हुए हैं

जितने रास्ते कभी खुले नहीं, उससे कहीं ज़्यादा बंद हुए हैं,
हर इल्ज़ाम पे, कुबूल है-कुबूल है करके, हम ही रज़ामंद हुए हैं

"जिधर देखता हूँ"

जिधर भी देखता हूँ, परेशानियों का दौर चल रहा है,
हर घर के कमरे में बेबसी है, कहाँ कुछ और चल रहा है

जिधर भी...

सब घिरे तो हैं, इंसानो से, रिश्तों से, अपनों से भी,
अजीब है कि, भीड़ में भी हर कोई, अकेला चल रहा है

जिधर भी...

मैं भी खड़ा हूँ क़तारों में, हाथों में लिए अर्ज़ियों की चादर,
सुना है ख़ुदा के दर पे, दुआ माँगने का मौसम चल रहा है

हर घर के कमरे...

पूरे शहर में घूमें, हर जगह सैलाब था अश्क़ों का,
डूबते हुए इस शहर का, हर एक घर जल रहा है

जिधर भी देखता हूँ, परेशानियों का दौर चल रहा है,
हर घर के कमरे में बेबसी हैं, कहाँ कुछ और चल रहा है

 "जो किया अच्छा किया"

एक किताब इसपे भी लिखेंगे कि, जिसने जो किया अच्छा
   किया होगा
हर एक पन्ने में हर शख़्स होगा, सबका क़िस्सा खुल के
   बयान होगा

एक किताब...

अब तक के सफ़र में, चाहने वाले तो मिले, पर समझने वाले नहीं,
सोचते हैं अगर हम भी खोलें शिकायतों की किताब,
   तो क्या समाँ होगा

एक किताब...

झूठ में, कौन कौन जीता हैं यहाँ, घरों के आइनों से पूछो,
वो कह ना पाएँ शायद, पर उन्हें सब पता होगा

हर एक पन्ने...

काश वाक़िफ़ ना होते, हर परखने वाली नज़र से हम,
दिल ने भी धड़कने के कारण, जाने क्या-क्या गँवा दिया होगा

एक किताब इसपे भी लिखेंगे कि, जिसने जो किया अच्छा
   किया होगा
हर एक पन्ने में हर शख़्स होगा, सबका क़िस्सा खुल के
   बयान होगा

"भरोसा ना कर"

मौसम हूँ मैं, भरोसा ना कर, मैं बदल जाऊँगा
थोड़ा दूर रख नज़रों से मुझे, मैं फिर से पिघल जाऊँगा

मौसम हूँ मैं...

जकड़ मत, बस हाथों पे सजा के रख ले मुझको,
मैं रेत हूँ, जकड़ा तो, हाथों से निकल जाऊँगा

नज़रों से दूर...

वज़न भारी तो था, पर उठाना तो था ही हमें,
थोड़ी सी मोहलत दे दे, मैं सुबह होते ही निकल जाऊँगा

नज़रों से...

कुछ और मुमकिन नहीं, तो दुआ ही कर लेना कभी,
ख़ुदा सब जानता है, मैं उसी से पैग़ाम ले आऊँगा

मौसम हूँ मैं, भरोसा ना कर, मैं बदल जाऊँगा
थोड़ा दूर रख नज़रों से मुझे, मैं फिर से पिघल जाऊँगा

"पाठशाला"

काश ज़िंदगी की पाठशाला में, हमें इतना पढ़ाया ना होता,
सफ़र कैसा भी होता मगर, हर हमसफ़र पराया ना होता

काश ज़िंदगी की..

मंज़िलों पे पहुँचने के रास्ते इतने मुश्किल क्यों होते हैं,
बेहतर होता अगर उन रास्तों पे चलने का किराया ना होता

सफ़र कैसा भी...

अजब ग़ज़ब सी तालीम दी है अम्मी ने मुझको,
काश कहने का हुनर भी देती, बस सहना सिखाया ना होता

काश ज़िंदगी की...

मौक़ा परसती अगर रगों में दौड़ती अपनी भी,
हमने चाहतों की चाहत में, सब गँवाया ना होता

काश ज़िंदगी की पाठशाला में, हमें इतना पढ़ाया ना होता,
सफ़र कैसा भी होता मगर, हर हमसफ़र पराया ना होता

"उम्मीदों की गाड़ी"

ख़ुद से मोहब्बत थी जितनी, अब दम तोड़ने लगी है,
मेरी उम्मीदों की गाड़ी, अब पटरी छोड़ने लगी है

ख़ुद से...

जाने किस तरह, हर एक पे भरोसा कर लिया मैंने,
बेवफ़ा सी परछाई भी, मूँह मोड़ने लगी है

मेरी उम्मीदों...

निभा लिया होता ख़ुद से रिश्ता जिस भी तरह मुमकिन था,
अब तो हर रिश्ते की स्याही, अपना रंग छोड़ने लगी है

ख़ुद से मोहब्बत...

ज़िंदगी भी जैसे, पकडम-पकड़ाई का खेल खेलने में लगी है,
झूठे ख़्वाबों को दिखा के, रत्त-जगा छोड़ने लगी है

ख़ुद से मोहब्बत थी जितनी, अब दम तोड़ने लगी है,
मेरी उम्मीदों की गाड़ी, अब पटरी छोड़ने लगी है

"कोई तैयार तो हो"

किसे बताएँ और किसे यक़ीन दिलाएँ, कोई तैयार तो हो,
हम बता तो दें अपने दिल की, पर कोई सच्चा यार तो हो

किसे बताएँ...

सुना था "अपना" कहने वाले ही छोड़ जाया करते हैं,
कई अपने आस्तीनों में हैं, कोई एक भी बाहर तो हो

हम बता तो...

जहाँ अल्फ़ाज़ों ने दम तोड़ा, वहाँ हक़ीम भी मौजूद थे,
ख़ामोशी का क्या इलाज करें, वो ज़रा बीमार तो हो

किसे बताएँ...

जल रही हैं, कतरा-कतरा, बारिश में भीगती आँखें,
ज़िंदगी का दामन कैसे छूटे, तेरी बददुआएँ असरदार तो हो

किसे बताएँ और किसे यक़ीन दिलाएँ, कोई तैयार तो हो,
हम बता तो दें अपने दिल की, पर कोई सच्चा यार तो हो

"कपास के तकिये"

बड़े दिलचस्प रिश्ते निभाते हैं यह कपास के तकिये,
      आओ इनके कुछ क़िस्से सुनाता हूँ..

कभी रात भर भीगते रहते हैं, नमकीन पानी में,
फिर सुबह ख़ुद के आंसुओं को सुखा लेते हैं
सबकी दास्तानें समाए रखते है अपने अन्दर,
फिर भी ज़ुबान पे ताला लगाए रहते हैं, ये "कपास के तकिये"

कभी सनम का नर्म एहसास बन जाते हैं
कभी उसकी ख़ुशबू बन के सहला जाते हैं
यूँ तो बेजान होते हैं यह मगर,
जान बन के लिपट जाते हैं, ये "कपास के तकिए"

जाने कितनों की उम्र ढलती है इन्हीं के सहारे,
कभी कमर के पीछे, तो कभी सर के नीचे दबे रहते हैं
ज़िंदगी की शुरुआत से, आख़िरी सफ़र तक
हर बच्चे और बूढ़े के हमसफ़र होते हैं, ये "कपास के तकिए"

बड़े दिलचस्प रिश्ते निभाते हैं यह कपास के तकिये

"माफ़ियों की अर्ज़ी"

कोई भी माफ़ी की अर्ज़ी, अब क़ुबूल नहीं करते हम
यक़ीन को भूल जाओ, अब उम्मीद भी नहीं करते हम

कोई भी माफ़ी...

बाख़ूबी जानते हैं अपनी क़ीमत, तुम सबकी नज़रों में,
शिकायतें करके, शिकायतों को, अब ज़ाया नहीं करते हम
यक़ीन को...

क्या पता नाराज़गी है या फिर ज़रूरत से ज़्यादा मोहब्बत है,
कोई पूछे भी तो अब, बताया नहीं करते हम

कोई भी माफ़ी...

जब फ़ैसले कर लिए सबने, तो जाने देना ही बेहतर है,
मुड़ के देखता नहीं कोई, और अब बुलाया नहीं करते हम

कोई भी माफ़ी की अर्ज़ी, अब क़ुबूल नहीं करते हम
यक़ीन को भूल जाओ, अब उम्मीद भी नहीं करते हम

 "अब बस है मेरी"

आख़िर उसने भी कह ही दिया, की अब बस है मेरी,
तेरा साथ देने की, बस इतनी ही हिम्मत थी मेरी

आख़िर उसने...

यह तेज भागते जमाने में, ताले भी डिजिटल हो चले हैं,
हिम्मत जुटा के, अपनी जुबान पे लगाने की बारी है मेरी

तेरा साथ...

आजकल उन महफ़िलों में भी चर्चे होते हैं मेरे,
जिनमें रौनक़ बने रहने की आदत थी मेरी

आख़िर उसने भी...

हँस के टाल देते हैं, मिले हुए हर इल्ज़ाम को अब,
अल्फ़ाज़ों को काग़ज़ पे ज़ाया करने की, फ़ितरत है मेरी

आख़िर उसने भी कह ही दिया, की अब बस है मेरी,
तेरा साथ देने की, बस इतनी ही हिम्मत थी मेरी

"इतना भी सस्ता नहीं"

इतना भी सस्ता नहीं, की तेरे मुस्कुराने पे बिक जाऊँ,
मैं चाँद हूँ ईद का, बिना इंतेज़ार के कैसे दिख जाऊँ

इतना भी सस्ता नहीं...

ख़्याल ऐसे हों कि कलम भी थक कर कह दे,
"इतना गहरा भी ना सोच", कि मैं ही ना लिख पाऊँ

मैं चाँद हूँ ईद का...

जब भी ज़िक्र हो तो, गर्म चाय की प्याली सा हो,
ना होठों पे रख पाऊँ और ना होठों से कुछ कह पाऊँ

इतना भी सस्ता नहीं...

ना जाने किधर से आ जाती हैं ऐसी यादें,
जिनके बिना ना रह पाऊँ और ना जिन्हें सह पाऊँ

इतना भी सस्ता नहीं, की तेरे मुस्कुराने पे बिक जाऊँ,
मैं चाँद हूँ ईद का, बिना इंतेज़ार के कैसे दिख जाऊँ

"बरसातों का मौसम"

बरसातों का मौसम बीत गया शायद, ये आँखें अब नम नहीं होती,
हमने बाँट के भी देखी हैं, पर यह परेशनियाँ कम नहीं होती,

बरसात का मौसम...

वक़्त-वक़्त की बात है, कभी हमारा कभी तुम्हारा होगा,
उम्र बीत जाती है रोकने में, यह घड़ियाँ मगर बंद नहीं होती

हमने बाँट के...

ये ज़रूरी नहीं कि, अच्छी आदतें ही बेहतर बनाती हों हमें,
हर सुकून देने वाली शय, हमेशा मरहम नही होती

हमने बाँट के...

हम तो यूँ ही लिख देते हैं अपने जज़्बातों को काग़ज़ पे,
अरे! बड़े लोगों से ख़फ़ा रहते हैं, हर बात के पीछे तुम नहीं होती

बरसातों का मौसम बीत गया शायद, ये आँखें अब नम नहीं होती,
हमने बाँट के भी देखी हैं, मगर यह परेशनियाँ कम नहीं होती,

"कुछ ऐसा ना लिख जाऊँ"

मैं ख़ुद ही डरता हूँ की, कुछ ऐसा ना लिख जाऊँ,
खोए हुए रास्तों पे, भटकता हुआ ना दिख जाऊँ

मैं ख़ुद ही...

रूठे रहने ही ज़िद में जीते हैं अब लोग जहाँ,
उसी शहर में किसी को मनाता हुआ ना दिख जाऊँ

खोए हुए रास्तों...

ग़ैर-मौजूदगी से मेरी, कहाँ कुछ बदल जाएगा,
मौजूद रहकर, कहीं ख़ुद की नज़रों से ना गिर जाऊँ

खोए हुए रास्तों...

जल चुकी हैं तमन्नाएँ और उम्मीदों की ख़ाख उड़ रही है,
बंद रखना वो ख़ूबसूरत आँखें, कहीं जलता हुआ ना दिख जाऊँ

मैं ख़ुद ही डरता हूँ की, कुछ ऐसा ना लिख जाऊँ,
खोए हुए रास्तों पे, भटकता हुआ ना दिख जाऊँ

"देखते हैं"

हुस्न वालों को गुमान कब तक रहता है,
तेरी दुनिया में ईमान कब तक रहता है,
सच छुपा के, "सच्चा" इंसान कब तक रहता है,
सब जानने वाला यूँ अनजान कब तक रहता है
"देखते हैं"

बारिशों से प्यार कब तक रहता है,
चाँद का इंतेज़ार कब तक रहता है
आँखो में ख़्वाब कब तक रहता है,
हर बात बताने को बेताब कब तक रहता है
"देखते हैं"

मेरे चुप रहने पे वो ख़ामोश कब तक रहता है,
मेरे खो जाने पे वो भी गुमशुदा कब तक रहता है,
मेरे रुकने पे, वो भी रुका, कब तक रहता है,
यह बेफ़िक्री का नाटक कब तक रहता है
"देखते हैं"

यादों में धँसा कब तक रहता है,
ख़्वाहिशों में फँसा कब तक रहता है,
झूठी उम्मीदों पे अड़ा कब तक रहता है
उसी दोराहे पे खड़ा, कब तक रहता है
"देखते हैं"! "चलो-देखते हैं"!

"कल क्या होगा"

दिन निकलेंगे और ढलेंगे भी, घड़ी के काँटे आगे चलेंगे भी,
थोड़ी धूप कम पड़ती है आज कल, पर वादा है, हम दोबारा
खिलेंगे भी.

दिन निकलेंगे और..

लोग हर मोड़ पे गिराने आएँगे, हर दफ़ा नीचा दिखाने आएँगे,
तुम करते रहना बेवजह कोशिश बुझाने की, हम मशाल हैं,
तूफ़ानों में जलेंगे भी.

थोड़ी धूप कम..

अब तलक तो कोई हरा पाया नहीं, कुछ भी करके हमें डरा
पाया नहीं,
बहुत लगाए पत्थर रोकने के लिए, हम तो पानी है, सब चीर के
बहेंगे भी.

दिन निकलेंगे और...

जिसे मालूम नहीं क्या कर दिया है, जो बिना सोचे आगे चल
दिया है,
कोई पूछेगा भी अगर ग़लती से, हम चुप रह के, अपनी बात
कहेंगे भी

दिन निकलेंगे और ढलेंगे भी, घड़ी के काँटे आगे चलेंगे भी,
थोड़ी धूप कम पड़ती है आज कल, पर वादा है, हम दोबारा
खिलेंगे भी.

"कभी मन उदास हो तो"

कभी मन उदास हो तो, मेरी किताब पढ़ लेना,
ख़ुदा से शिकायत ना करना, ख़ुद ही से लड़ लेना

कभी मन उदास..

हारने वालों में हम शामिल ना थे, इतना ही मान लेना,
पतंग सी कट गयी ज़िंदगी, मन करे तो, मांझा पकड़ लेना

ख़ुदा से...

जैसा महसूस करता हूँ, बिलकुल वैसा ही लिख देता हूँ,
रेत से फिसलते लम्हों को, हो सके तो जकड़ लेना

कभी मन उदास...

लोग हर एक शेर का मतलब निकालने लगते हैं,
मैंने बस लिख दिया, जिसको जो समझना हो समझ लेना

कभी मन उदास हो तो, मेरी किताब पढ़ लेना,
ख़ुदा से शिकायत ना करना, ख़ुद ही से लड़ लेना

"तब बात करना"

हिसाब के सवाल सा उलझ गया हूँ मैं,
जब इस सवाल का हल ढूँढ लो, "तब बात करना"
ना रिश्तों का मोल, ना अपनों की क़ीमत मालूम मुझे,
जब सबका दाम गिनवा सको, "तब बात करना"

हिसाब के सवाल...

जो पहले दिन से वाक़िफ़ थे, वो कहते है वफ़ा कर लो,
जब मेरे सच को झूठ बना पाओ, "तब बात करना"
अगर हासिल नहीं तो, ना-क़ाबिल किस तरह हुए?
मेरी तरह, दो पल भी रह पाओ, "तब बात करना"

हिसाब के सवाल...

नहीं बताना हमें, कि अंदर कितना शोर बजता है,
जब ख़ामोशी पड़ना सीख जाओ, "तब बात करना"
बस अब बंद कर दो अपनी ये, कुरेदने की आदत,
जब मेरे हिस्से का रो पाओ, "तब बात करना"

हिसाब के सवाल...

गुज़री तो हमपे भी बहुत, मगर कहना नहीं आया,
जब बीते कल को भुला सको, "तब बात करना"

कल जो भी आएगा, ना तेरा है, ना मेरा है,
जब सिर्फ़ आज में जी सको, "तब बात करना"

जब इस सवाल का हल ढूँढ लो, "तब बात करना"
जब मेरे हिस्से का रो पाओ, "तब बात करना"

"लोगों का क्या है"

सपनों का क्या है, वो तो होते ही टूटने के लिए हैं,
लोगों का क्या है, वो तो होते ही रूठने के लिए हैं

सपनों का क्या है...

उन्होंने उतना ही किया, जितना निभाने की चाहत थी उन्हें,
घने पेड़ों का क्या है, वो तो होते ही झुकने के लिए हैं

लोगों का क्या है...

अगर जाना इतना आसान था तो पहले ही चले गए होते,
कदमों का क्या है, वो तो होते ही रुकने के लिए हैं

सपनों का क्या है...

हम फिर से बाज़ार में उतर आए हैं, कोई बोली तो लगाओ,
उसूलों का क्या है, वो तो होते ही बिकने के लिए हैं

सपनों का क्या है, वो तो होते ही टूटने के लिए हैं,
लोगों का क्या है, वो तो होते ही रूठने के लिए हैं

"ना मन्नत – ना जन्नत"

ना हम मन्नत में रहते हैं, ना हम जन्नत में रहते हैं,
कह दो मसरूफ ज़माने से, हम तो फ़ुर्सत में रहते हैं

ना हम मन्नत...

दूरियों से क़ुर्बत और करीबी से फ़ासला रखते हैं,
तारीफ़ों में तुम रहो, हम तो गुनाहों में रहते हैं

ना हम मन्नत...

दुआ कर लिया करो कभी, ख़ुदा सुनता तो होगा ही,
ख़ैर हमें क्या करना, हम तो बददुआओं में रहते हैं

ना हम मन्नत...

ले आइए सवालों का पर्चा, हम भी कलम लाए हैं,
पूछ के देखिए, हम चुप रह के भी सब कहते हैं

ना हम मन्नत में रहते हैं, ना हम जन्नत में रहते हैं,
कह दो मसरूफ ज़माने से, हम तो फ़ुर्सत में रहते हैं

"अब तरसते नहीं"

झूमते तो हैं, पर अब हम तड़पते नहीं,
ख़फ़ा तो होते हैं, पर हम भड़कते नहीं

झूमते तो हैं...

ख़्याल और ख़्वाब दोनों आते हैं, आज भी,
पर बताने के लिए, अब हम तरसते नहीं

ख़फ़ा तो होते...

आँखों के पत्तों पे, ओंस गिरी मिलती है हर सुबह,
भीगे रहते हैं बादल, पर अब वो बरसते नहीं

झूमते तो हैं...

रंज तो है, मगर शिकवे करने की हिम्मत नहीं,
अरमान जलते तो हैं, पर अब ये दहकते नहीं

झूमते तो हैं, पर अब हम तड़पते नहीं,
ख़फ़ा तो होते हैं, पर हम भड़कते नहीं

"धीमी आँच"

इतने सालों से पक रही है ज़िंदगी, किसी को स्वाद ना आया,
धीमी आँच पे कब से जल रहे हैं, पर किसी को याद ना आया

इतने सालों से...

सब बताते रहे, हम मानते रहे, कि वक्त बदल जाएगा,
रोज़ सोचते रहे, आज आएगा, मगर वो आज ना आया

धीमी आँच पे...

सच के पाठ पढ़ाने वाले, सच सुनके ही नाराज़ हुए,
सच कहने की मुहिम तो चली, सच सुनने का रिवाज़ ना आया

इतने सालों से...

जितना अपनापन जताते थे लोग, उतने अपने निकले नहीं,
सिर्फ़ ज़ुबान से अपना लेना, हमें कभी ये अंदाज़ ना आया

इतने सालों से पक रही है ज़िंदगी, किसी को स्वाद ना आया,
धीमी आँच पे कब से जल रहे हैं, पर किसी को याद ना आया

"कमी ना होगी"

तारीफ़ें करने वालों की कमी ना होगी,
जहां मेरे कदम भी हों, बस वो जमीं ना होगी

तारीफ़ें करने वालों की...

लोग भी बहुत होंगे और दोस्त भी हज़ार मिलेंगे,
मेरी शिकायतें ना होंगी, तो तेरी आँखों में नमी ना होगी

तारीफ़ें करने वालों की...

कभी पहनावे तो कभी, घनी जुल्फ़ों की बातें होंगी,
मुस्कुराएगा तू, पर मेरी बेतुकी बातों वाली हंसी ना होगी

जहां मेरे कदम भी...

ख़्वाहिशें बेहोश मिलें अगर उन्हें जगाने मत आना,
धड़कनें रुकी होंगी मगर यह साँसें थमी ना होगी

तारीफ़ें करने वालों की कमी ना होगी,
जहां मेरे कदम भी हों, बस वो जमीं ना होगी

"अपने जैसा बना दिया"

अजीब लोग मिले उम्र भर, हमें भी अपने जैसा बना दिया,
बदलते गए वक़्त-बे-वक़्त, हमें भी मौसम जैसा बना दिया

अजीब लोग मिले...

चाबियों का गुच्छा लिए फिरते थे, सबके दिल के तालों के,
उन्होंने हर एक मोड़ पे, एक नया ही ताला लगा दिया

अजीब लोग मिले...

जो सबसे ज़रूरी था कभी, वो भी मजबूरी सा लगता है,
बेपरवाह ज़माने ने हमें भी, बेपरवाह बना दिया

बदलते गए...

एहसासों से वाक़िफ़ रह कर भी, बेरुख़ी से पेश आने वालों ने,
देख कर मुंह फेरने का हुनर, हम को भी सिखा दिया

अजीब लोग मिले उम्र भर, हमें भी अपने जैसा बना दिया,
बदलते गए वक़्त-बे-वक़्त, हमें भी मौसम जैसा बना दिया

"लापता लम्हे"

जो मेरे नाम के थे, वो सारे लम्हे लापता से हैं,
बहुत सम्भाल के रखे थे, फिर भी गुमशुदा से हैं

जो मेरे नाम के थे...

ख़ुश रहने की दवा लेके निकले थे, हकीम-ओ-ज़िंदगी से हम,
शिकवे-शिकायतों के बादल फिर भी, सब जगह से हैं

बहुत सम्भाल के...

यह लकीरें जो हाथों में है, हाथों में किधर होती हैं,
टूटे ख़्वाबों के क़िस्से, इनके गवाह से हैं

जो मेरे नाम के थे...

चलो बदल लेते हैं, आपस में ज़िंदगी अपनी,
तब भी कहोगे कि हम, बेवफ़ा से हैं?

जो मेरे नाम के थे, वो सारे लम्हे लापता से हैं,
बहुत सम्भाल के रखे थे, फिर भी गुमशुदा से हैं

"उसे होश तब आया"

जब पिघलने लगीं वादियाँ और डूबने लगे घर, उसे होश तब आया,
जब जल गए ख़्वाब और बिखरने लगी ख़ाख, उसे होश तब आया

जब पिघलने लगीं...

जब छटने लगे बादल और चुभने लगी धूप, उसे होश तब आया,
जब रात भर भीग के, ख़ुद से सूख गयी आँखें, उसे होश तब आया

जब जल गए ख़्वाब...

जब लगने लगे ताले और खोने लगी चाबियाँ, उसे होश तब आया,
जब हमने भी खोजने की आदत बदल डाली, उसे होश तब आया

जब पिघलने लगीं...

जब मुफ़्त में बिकते हुए, हमने अपनी क़ीमत बता दी, उसे
   होश तब आया,
जब बाज़ार में हमें बिकने के लिए छोड़ दिया, उसे होश तब आया

जब पिघलने लगीं वादियाँ और डूबने लगे घर, उसे
   होश तब आया,
जब जल गए ख़्वाब और बिखरने लगी ख़ाख, उसे होश तब आया

"चाय की चुस्की"

मेरे कुछ क़िस्से पढ़ लेना, चाय की चुस्की लेते हुए,
ख़्याल रखना जुबान जल ना जाए, मेरा नाम लेते हुए

मेरे कुछ क़िस्से...

वो जो दरख़्त दिखता है, उसके साये में वक़्त गुज़रता है,
वर्ना धूप में तप रहे होते, हम उनका इंतेज़ार करते हुए

मेरे कुछ क़िस्से...

कभी आसमाँ का रंग स्लेटी हो तो, थोड़ी ज़्यादा गर्म कर लेना,
मन करे तो देख लेना रास्ते पे, सूनी सड़कों को भीगते हुए

ख़्याल रखना जुबान...

शायद तू सबसे खूबसूरत नही, पर हमने कहाँ तुझसे बेहतर चाहा है,
वक़्त ख़ुद-ब-ख़ुद गुज़र जाता है, तेरी तस्वीर से गुफ़्तगू करते हुए

मेरे कुछ क़िस्से पढ़ लेना, चाय की चुस्की लेते हुए,
ख़्याल रखना जुबान जल ना जाए, मेरा नाम लेते हुए

"पीने वाले बहुत बकते हैं"

लोग कहते हैं कि पीने वाले पी के बहुत बकते हैं,
लोगों को समझाओ, वो पीने वाले हैं, वो कहाँ थकते हैं

लोग कहते हैं...

जब जाम दोस्तों की महफ़िल में हों, तो गिनती किसे आती है,
मेरे यार सोफ़े पे बैठ के, स्कूल की यादों में भटकते हैं

लोग कहते हैं...

एक जाम तो महबूब के नाम का भी पीना पड़ता है,
कुछ शराब और कुछ उसकी यादों में ही बहकते हैं

लोग कहते हैं...

चलते चलते एक जाम रास्ते के नाम ना किया तो क्या पिया यारों,
आख़िर नशे में उसी की गलियों से ही तो गुज़रते हैं

लोग कहते हैं कि पीने वाले पी के बहुत बकते हैं,
लोगों को समझाओ, वो पीने वाले हैं, वो कहाँ थकते हैं

"बुरा ना मानो होली है"

जो छुप के पानी फेंकती है, प्यारे बच्चों की टोली है,
तुम भीग के एक मुस्कान दे दो, अरे बुरा ना मानो होली है

बुरा ना मानो...

जेबों को भर लो गुलाल से, सब मिलने वालों के गले लगो,
कोई छीन के खा ले गुजिया अगर, अरे बुरा ना मानो होली है

बुरा ना मानो...

किसी यार का दिल ग़र टूटा हो, उसे जाम ज़रा कम ही देना,
वो गाली दे तुम हँस देना, अरे बुरा ना मानो होली है

बुरा ना मानो...

हर रूठे को मना लेना, थोड़े से नख़रे उठा लेना,
उन्हें मुँह फेर के रहने दो, तुम बुरा ना मानो होली है

जो छुप के पानी फेंकती है, प्यारे बच्चों की टोली है,
तुम भीग के एक मुस्कान दे दो, अरे बुरा ना मानो होली है

"ये भी – वो भी"

खुश रहने की क़ीमत माँगने वाला, ये भी है और वो भी
मैं कौन सी आँख से बहूँ ऐ ख़ुदा, ज़रूरी ये भी है और वो भी

खुश रहने की....

रोकने से भी डरता हूँ, जाने देना भी मुश्किल है,
फ़ैसला लूँ भी कैसे, कि अपना ये भी है और वो भी

मैं कौन सी...

जिसे मनाने निकलता हूँ, वही दरवाज़ा ख़फ़ा सा लगता है,
किस घर को बचाने जाऊ, जलता ये भी है और वो भी

मैं कौन सी...

बैठे हैं फूलों की महफ़िल में, फिर भी ऐसा महसूस होता है,
लगता नहीं कोई कांटे सा मगर, चुभता ये भी है और वो भी

खुश रहने की क़ीमत माँगने वाला, ये भी है और वो भी
मैं कौन सी आँख से बहूँ ऐ ख़ुदा, ज़रूरी ये भी है और वो भी

"साबित क्या करते"

उसने कटघरे तक पहुँचा ही दिया, तो हम साबित क्या करते,
कुबूल है - कुबूल है करके चल दिए सलाख़ों के पीछे

उसने कटघरे...

कचहरी के बाहर जब दिखा तो उसने कहा "दूर रह ज़रा मुझसे"
हम ख़ामोश खड़े रहकर सुनते रहे, बताओ और क्या करते?

उसने कटघरे...

किनारे पे खड़े हैं क्योंकि किनारा कर लिया उसने,
प्यास तो देखने की थी, तुम बताओ, नज़र भरते या आँखें भरते?

उसने कटघरे...

हर जगह ताले हैं, कोई दरवाज़ा तो खुला रखता
थक गया हूँ हर एक दर पे, मिन्नत करते करते

उसने कटघरे तक पहुँचा ही दिया, तो हम साबित क्या करते,
कुबूल है - कुबूल है करके चल दिए सलाख़ों के पीछे

 "मान जा पगले"

वो तेरा नहीं है, कह दिया उसने, अब तो मान जा पगले,
कब तक खुली आँखों से सपने देखेगा, अब तो जाग जा पगले

वो तेरा नहीं है...

पिंजरे के पंछियों को उड़ने की आदत कहाँ होती है,
बहरों की बस्ती में शोर मचाता है, ख़ामोशी को जान जा पगले

कब तक खुली...

जिसने 2 पल में अजनबी बना लिया उसके लिए रोता है तू,
उसने अपना माना ही कहाँ था, तू यूं ही अपनाता गया पगले

वो तेरा नहीं है...

उसे भी मोहब्बत थी, बस इतना सा वहम पाल लिया तूने,
उसकी गहरायों में उतर के, ख़ुद को डूबा लिया ना पगले

वो तेरा नहीं है, कह दिया उसने, अब तो मान जा पगले,
कब तक खुली आँखों से सपने देखेगा, अब तो जाग जा पगले

"कुछ नया लिखा है"

अपने मर्ज़ के बारे में कुछ नया लिखा है,
क्या तुमने भी धुएँ में उड़ती ज़िंदगी को देखा है

अपने मर्ज़ के...

हाल-ए-दिल, बायीं बाज़ू पे साफ़ साफ़ लिखा है,
आँख बंद करते हैं तो उसने सर वहाँ अब भी रखा है

क्या तुमने भी...

दिल अब जाके अपने असली काम पर लगा है,
हमने उसको आज कल बस रगों में ख़ून पहुँचाते देखा है

क्या तुमने भी...

मैं आवाज़ दे कर परेशान भी कैसे कर दूँ उसे,
जिसे आज कल महफ़िलों में मुस्कुराते देखा है

अपने मर्ज़ के बारे में कुछ नया लिखा है,
क्या तुमने भी धुएँ में उड़ती ज़िंदगी को देखा है

"ना ख़त्म हुआ"

ज़िंदगी भागती रही मगर रास्ता ना ख़त्म हुआ,
घड़ियाँ दौड़ के थक गयीं, पर इंतेज़ार ना ख़त्म हुआ

ज़िंदगी...

तस्वीरें परत-दर-परत उधड़ती जा रही हैं हर दिन,
हिचकियों में रहने वालों का, आना-जाना ना ख़त्म हुआ

घड़ियाँ...

अलग अलग नामों से पुकारते थे जिसे, उसने बेनाम किया,
बेवजह मुस्कुराते थे हम, चलो मुस्कुराना तो कम हुआ

ज़िंदगी...

लोगों ने कुरेदा तो, मगर झांक के कब्र फिर से ढक दी,
सूखे फूलों पे मोमबत्ती जलाने वालों का, सिलसिला ना ख़त्म हुआ

ज़िंदगी भागती रही मगर रास्ता ना ख़त्म हुआ,
घड़ियाँ दौड़ के थक गयीं, पर इंतेज़ार ना ख़त्म हुआ

"कभी बे-मक़सद मिलना"

कभी बे-मक़सद मिलना तो वो रास्ता दिखायेंगे तुम्हें,
जहां मेरे पैरों के छाले गिरे हैं, वहीं ले जाएँगे तुम्हें

कभी बे-मक़सद मिलना...

मेरे कपड़ों के रंगों पे भी, तेरा ही क़ब्ज़ा रहता है,
फुर्सत मिले तो बताना, अपनी अलमारी दिखाएँगे तुम्हें

कभी बे-मक़सद मिलना...

जब ज़रूरत थी मुझे, तब ही रूठना मुनासिब समझा तुमने,
शौक़ फ़रमाना, एक जलता आशियाँ दिखाएँगे तुम्हें

जहां मेरे पैरों...

उम्र है शायद, पर अब थोड़ा थकने लगा हूँ मैं,
बाहर से मज़बूत इमारत के, अंदर का खंडहर दिखाएँगे तुम्हें

कभी बे-मक़सद मिलना तो वो रास्ता दिखायेंगे तुम्हें,
जहां मेरे पैरों के छाले गिरे हैं, वहीं ले जाएँगे तुम्हें

"बता सकता हूँ"

मुझे बात करने की ज़रूरत नहीं, मैं लिख कर भी बता सकता हूँ
तूने क्या क्या छीना है मेरा, मैं उँगलियों पे गिनवा सकता हूँ

मुझे बात...

मेरे जैसा होने के लिए, मेरा जितना सहना भी ज़रूरी होगा,
मैं तो बेज़्ज़त हो के भी, तेरी महफ़िलों में आ सकता हूँ

तूने क्या क्या छीना है...

जो हर दफ़ा अपने दिल की कहके दरवाज़े बंद करते हैं,
लुटे तो मेरे ख़्वाब भी बहुत हैं, जता तो मैं भी सकता हूँ

मुझे बात करने की...

जो दिखता है वो बिकता है, अगर यही सही है तो,
तुझे आइने से लेकर सच्चाइयों तक, दिखा मैं भी सकता हूँ

मुझे बात करने की ज़रूरत नहीं, मैं लिख कर भी बता सकता हूँ
तूने क्या क्या छीना है मेरा, मैं उँगलियों पे गिनवा सकता हूँ

"चाबियों का गुच्छा"

हर ताले के गुमान को कुचलने की क़ाबिलियत रखता है,
फिर भी, दीवारों पे ख़ामोश टंगा रहता है, ये चाबियों का गुच्छा

उसके बिना मुमकिन नहीं, ना दिल में घुसना, ना बाहर जाना,
फिर भी, कभी जेबों में, कभी बस्तों में पड़ा रहता है,
       ये चाबियों का गुच्छा

अकेला नहीं, झुंड में रहता है, सबको साथ लेकर ही चलता है
कभी इस छल्ले में कभी उस छल्ले में, फिर भी साथ रहता है ये
       चाबियों का गुच्छा

अगर ताले से ताल्लुक़ ना हो, तो नाराज़गी से मुँह मोड़ लेता है,
सही रिश्ते पे ही अपना ज़ोर लगाता है, ये चाबियों का गुच्छा

जब गुम हो जाए तो, हर इंसान को बेचैन कर देता है,
अक्सर किसी कोने में छुप के, परेशान करता है,
       ये चाबियों का गुच्छा

हर गुजरी हुई पीड़ी का पूरा हिसाब रखता है,
लोग बदलते हैं, गुजरते हैं, ना बदलता ना गुजरता है,
       ये चाबियों का गुच्छा

हर ताले के गुमान को कुचलने की क़ाबिलियत रखता है,
फिर भी, दीवारों पे ख़ामोश टंगा रहता है, ये चाबियों का गुच्छा

"छोटी सी ज़िंदगी"

ज़िंदगी छोटी और शिकायतें बड़ी रखते हैं
लोग आज कल हमें दुआओं में भी कम रखते हैं

ज़िंदगी छोटी...

कुछ भरोसा नहीं कब कौन रुख़सत हो जाए,
चलो ना सब भुला के नाराज़गी कम रखते हैं

ज़िंदगी छोटी सी...

संभालने का दावा करते आए हैं वो लोग,
जो ज़ख़्म देख के दवाख़ाना बंद रखते हैं

लोग आजकल...

हमदर्द बन के आए और दर्द बन के हवा हो गए,
यहाँ संभाल के अपने टुकड़ों को हम रखते हैं

ज़िंदगी छोटी और शिकायतें बड़ी रखते हैं
लोग आज कल हमें दुआओं में भी कम रखते हैं

"सुन"

सुन! नहीं कुछ नहीं, बस "सुन" कह रहा था,
तू बिन कहे सुन लेगा, मैं इस ख़्याल में रह रहा था

सुन! नहीं कुछ नहीं...

वो आगे बड़े तो, मगर मेरी तरफ़ पीठ कर के,
उसके पैर समंदर में थे, मैं आँखों से बह रहा था

तू बिन कहे...

किसी मरीज़ की तबीयत सा बिगड़ गया हूँ मैं,
"काश कोई दुआ लग जाए" ऐसा कोई हमदर्द कह रहा था

सुन! नहीं कुछ नहीं...

अब तो दर्द भी नहीं होता, ना ही कुछ महसूस करता हूँ,
शायद बेजान फूल सा, हवा की मार खा रहा था

सुन! नहीं कुछ नहीं, बस "सुन" कह रहा था,
तू बिन कहे सुन लेगा, मैं इस ख़्याल में रह रहा था

"आगे बड़ चुके हैं"

हम शरीर के वो अंग हैं, जो अब सड़ चुके हैं
शायद इसीलिए सब अपने आगे बड़ चुके हैं

हम शरीर....

इक नयी पोटली थी, पर उसमें भी शिकायतें ही निकली,
जो तिनके बचा लेते इस डूबते को, वो भी बिछड़ चुके हैं

शायद इसीलिए...

ताज़े फूलों पे क्यू पैसे ज़ाया करते हो मेहरबान,
सूखे ही डाल दो कब्र पे, अब हम मर चुके हैं

हम शरीर के...

तुम निकाल लो सारी तलवारें मयान से, और चला दो हम पर,
अपने हिस्से का जितना लड़ना था, हम लड़ चुके हैं

हम शरीर के वो अंग हैं, जो अब सड़ चुके हैं
शायद इसीलिए सब अपने आगे बड़ चुके हैं

"वेख लयीं"

मैं जाणदा हां ऐ मुश्किल आ, जे हो सके तां वेख लयीं
मेरे जलदे ख़वाबाँ ते तू, अपने हथां नू सेक लयीं

जे हो सके...

तू कहंदा सी मैनू जाणदा ऐ, मैनू ही सब कुछ माणदा ऐ,
मैं तेरी सुन्न के वेख लया, मेरी वी सुन के वेख लयीं

मेरे जलदे ख़वाबाँ...

मैं मांग्या नी, मैं ठगेया नी, मेरा रब्ब तां सारी जाणदा ऐ,
मैं सब कुछ लिख के वेख लया, तू वी कुछ कह के वेख लयीं

मैं जाणदा हां...

ज़रा ग़ौर करीं मेरी ग़ल्ल ते तू, ऐन्ना वी मुश्किल कम्म नही,
मैं हँजू बहा के वेख लया, तू वी ख़ुश रह कर वेख लयीं

मैं जाणदा हां ऐ मुश्किल आ, जे हो सके तां वेख लयीं
मेरे जलदे ख़वाबाँ ते तू, अपने हथां नू सेक लयीं

"It's all Temporary"

It felt, the happiness will stay forever,

But it lasted for less than an hour

It felt the sadness will kill me one day

But it really made me much stronger

I realized, it's all temporary. Its here today &
    tomorrow it'll vanish

I realized, it's not my destiny, it was meant to be a
    little selfish.

It felt, this love will never die,

But it died before it could start to walk,

It felt, these conversation will go on,

But they ended, when I started to talk

I realized, it's all temporary. Its here today &
    tomorrow it'll vanish

I realized, it's not my destiny, it was meant to be a
    little selfish.

Let's disconnect to connect again,

Let's keep quiet to talk again

If we give time, it'll all be alright

Life will move on & turn bright

Coz what we're going through, It's all Temporary!

"They Say a lot"

They say, I have Trust Issues.

I say I don't trust you

They say, you're being foolish,

I say "At least no one else is fooling me now"

They say, you are indecisive,

I say, I don't decide for myself

They say, you let go so easily

I say, I continue to pray for them

They say, you don't know what love is

I say, you need to know me better

They say, you forget so fast,

I say, I choose not to tell anyone

They say, you don't wish anything,

I say, I am glad no one knows my wishes

They say, you have a big ego,

I say, then you should treat me right

They say, you demand attention,

I say, I wish anyone attended to me

They say, you complain too much,

I say, I am surrounded by the Deaf

They say, it's useless to argue with you,

I say, thanks for giving me your time

They say, what do you want,

I say, well being of everyone, I truly LOVE!

They say a lot, I hear a lot.

We don't agree, but we still talk.

They! They are the thoughts in my head.

They are ME inside of me.

"The Un-Known"

Take me to the world where you belong,
For I am too tired to be called an Absurd
Take me to the court room, where they hear,
For Once I want to yell, scream & be heard

The chills are running through my spine,
Neither can I cry, nor can I whine
It's too much, to be known as the Un-Known

Take me to a place where they heal the soul,
Coz I am deeply hurt & can't walk on my own
Take me to the town, where no one knows me,
For I am fed up to be the un-funny clown

The chills are running through my spine,
Neither can I cry, nor can I whine
It's too much, to be known as the Un-Known

Take me to a beach, where I can fight the waves,
Coz I am done, fighting with the world
Take me to a jungle, where the real animals are,
Coz humans are more dangerous than the wild

The chills are running through my spine,

Neither can I cry, nor can I whine

It's too much, to be known as the Un-Known

Poetry by Vikram 'Paasbaan' Gill
Ibaarat
عبارت | इबारत

www.ingramcontent.com/pod-product-compliance
Lightning Source LLC
Chambersburg PA
CBHW021124130726
47988CB00003B/1155